新 HSK（四级）
高分实战试卷
8

刘 云 主编

图书在版编目(CIP)数据

新 HSK(四级)高分实战试卷.8/ 刘云主编.—北京：北京大学出版社，2013.3
(北大版新 HSK 应试辅导丛书)
ISBN 978-7-301-21826-6

Ⅰ.①新… Ⅱ.①刘… Ⅲ.①汉语—对外汉语教学—水平考试—题解
Ⅳ.①H195-44

中国版本图书馆 CIP 数据核字(2012)第 311222 号

书　　　名：新 HSK(四级)高分实战试卷 8
著作责任者：刘　云　主编
责 任 编 辑：宋立文
标 准 书 号：ISBN 978-7-301-21826-6/H·3208
出 版 发 行：北京大学出版社
地　　　址：北京市海淀区成府路 205 号　100871
网　　　址：http://www.pup.cn　新浪官方微博：@北京大学出版社
电 子 信 箱：zpup@pup.pku.edu.cn
电　　　话：邮购部 62752015　发行部 62750672　编辑部 62754144
　　　　　　出版部 62754962
印 刷 者：三河市博文印刷厂
经 销 者：新华书店
　　　　　　787 毫米×1092 毫米　16 开本　2.75 印张　56 千字
　　　　　　2013 年 3 月第 1 版　2013 年 3 月第 1 次印刷
定　　　价：10.00 元

未经许可，不得以任何方式复制或抄袭本书之部分或全部内容。
版权所有，侵权必究　举报电话：010－62752024
　　　　　　　　　　电子信箱：fd@pup.pku.edu.cn

目 录

一、听　力 ………………………………………………………… 1

二、阅　读 ………………………………………………………… 6

三、书　写 ………………………………………………………… 14

答　案 …………………………………………………………… 16

听力材料及听力部分题解 ……………………………………… 18

阅读部分题解 …………………………………………………… 30

新汉语水平考试
HSK（四级）

注　意

一、HSK（四级）分三部分：

　　1. 听力（45题，约30分钟）

　　2. 阅读（40题，40分钟）

　　3. 书写（15题，25分钟）

二、听力结束后，有5分钟填写答题卡。

三、全部考试约105分钟（含考生填写个人信息时间5分钟）。

中国　北京　　　　　××××/××××××　　　编制

一、听　力

（听力内容请登录 http：//www．pup．cn/dl/newsmore．cfm?sSnom＝d203 下载）

第 一 部 分

第1—10题：判断对错。

例如：我想去办个信用卡，今天下午你有时间吗？陪我去一趟银行？

   ★ 他打算下午去银行。   （ √ ）

  现在我很少看电视，其中一个原因是，广告太多了，不管什么时间，也不管什么节目，只要你打开电视，总能看到那么多的广告，浪费我的时间。

   ★ 他喜欢看电视广告。   （ × ）

1. ★ 这张照片是去年照的。   （　　）

2. ★ 小兰送给爷爷两个生日礼物。   （　　）

3. ★ 这篇小说很容易读懂。   （　　）

4. ★ 那台电脑很贵。   （　　）

5. ★ 这种花每年开三次。   （　　）

6. ★ 这两棵苹果树每年都会结很多苹果。 （　　）

7. ★ 游泳馆里可以学游泳。   （　　）

8. ★ 红色的药每天吃两次。   （　　）

9. ★ 雨后天气还是很热。   （　　）

10. ★ 小丽现在很后悔。   （　　）

第 二 部 分

第11—25题：请选出正确答案。

例如：女：该加油了，去机场的路上有加油站吗？
男：有，你放心吧。
问：男的主要是什么意思？

  A 去机场 B 快到了 C 油是满的 D 有加油站 ✓

11. A 参加考试 B 看望亲友 C 参加会议 D 与女的结婚

12. A 同事 B 夫妻 C 朋友 D 师生

13. A 找钱 B 卖东西 C 洗衣服 D 找毛巾

14. A 愿意借钱 B 三百太多了 C 自己没有钱 D 还没发工资

15. A 汉语 B 英语 C 日语 D 法语

16. A 面试 B 去北京 C 去植物园 D 陪女朋友

17. A 写作业 B 去逛街 C 晚点儿回家 D 多交朋友

18. A 上班 B 做饭 C 喝酒 D 唱歌

19. A 电脑坏了 B 女的没在家 C 阿姨是售货员 D 男的想买电脑

20. A 工作 B 考研究生 C 出国留学 D 开家公司

21. A 就买这件 B 衬衫很贵 C 去其他店 D 想买两件

22. A 经常加班　　　　B 离家太远　　　　C 应该加工资　　　　D 工作环境好

23. A 开车　　　　　　B 坐火车　　　　　C 坐汽车　　　　　　D 坐飞机

24. A 上网　　　　　　B 送礼物　　　　　C 等妈妈　　　　　　D 卖电脑

25. A 家里　　　　　　B 车上　　　　　　C 公司　　　　　　　D 医院

第 三 部 分

第 26—45 题：请选出正确答案。

例如：男：把这个文件复印五份，一会儿拿到会议室发给大家。
　　　女：好的。会议是下午三点吗？
　　　男：改了。三点半，推迟了半个小时。
　　　女：好，602 会议室没变吧？
　　　男：对，没变。
　　　问：会议几点开始？
　　　A 两点　　　　B 3点　　　　C 3：30 ✓　　　D 6点

26. A 开会　　　　B 睡觉　　　　C 吃面条儿　　　D 整理资料

27. A 开车　　　　B 坐地铁　　　C 坐公共汽车　　D 坐朋友的车

28. A 是医生　　　B 想减肥　　　C 喜欢运动　　　D 经常生病

29. A 四点　　　　B 四点五十　　C 五点二十　　　D 六点

30. A 吃饭　　　　B 上课　　　　C 买书　　　　　D 打电话

31. A 男的是经理　B 女的搬家了　C 租房很困难　　D 自行车坏了

32. A 三　　　　　B 四　　　　　C 五　　　　　　D 六

33. A 不干净　　　B 味道好　　　C 菜很少　　　　D 价格便宜

34. A 锻炼身体　　B 改坏习惯　　C 收拾房间　　　D 出去散步

35. A 北京　　　　　　B 天津　　　　　　C 上海　　　　　　D 济南

36. A 睡得过晚　　　　B 压力太大　　　　C 学习过累　　　　D 工作过多

37. A 经理　　　　　　B 律师　　　　　　C 大学生　　　　　D 公司员工

38. A 爱他人　　　　　B 有理想　　　　　C 做自己　　　　　D 有人爱

39. A 律师　　　　　　B 作家　　　　　　C 警察　　　　　　D 导游

40. A 饿了　　　　　　B 不想打针　　　　C 妈妈病了　　　　D 没写完作业

41. A 父子　　　　　　B 母子　　　　　　C 朋友　　　　　　D 师生

42. A 学习　　　　　　B 旅游　　　　　　C 亲情　　　　　　D 锻炼身体

43. A 学习　　　　　　B 旅游　　　　　　C 亲情　　　　　　D 锻炼身体

44. A 小而多　　　　　B 精而少　　　　　C 乱而多　　　　　D 大而少

45. A 一块儿说　　　　B 分两天说　　　　C 等几天再说　　　D 高兴时再说

二、阅 读

第 一 部 分

第46—50题：选词填空。

A 缺点　　B 原谅　　C 美丽　　D 坚持　　E 专门　　F 羽毛球

例如：她每天都（ D ）走路上下班，所以身体一直很不错。

46. 这是我（　　）从上海给你带回来的礼物，你快看看喜不喜欢。

47. 昆明是一个（　　）的地方，有时间我们一起去那里旅游吧！

48. 你不能只看到他的（　　），还要看到他的优点。

49. 小雪不会打（　　），你教教她吧。

50. 我错了，你（　　）我吧，我保证下次不会这样了。

第51—55题：选词填空。

A 活动　　B 出生　　C 温度　　D 镜子　　E 正确　　F 沙发

例如：A：今天真冷啊，好像白天最高（ C ）才2℃。
　　　B：刚才电视里说明天更冷。

51. A：你觉得朋友在你的一生中起的作用大吗？
　　 B：非常大，朋友就像我的一面（　　），从他们身上能看到我自己。

52. A：今天的（　　）推迟了，公司是不是发生什么事情了？
　　 B：不要乱说，可能是刘经理出差了。

53. A：你做出（　　）答案了吗？
　　 B：还没有呢，这道题真是太难了！

54. A：阿姨，小东在家吗？
　　 B：在呢，你先在（　　）上坐一会儿，我到里面去叫他。

55. A：你知道小林今年多大了吗？
　　 B：他好像是1993年（　　）的，你问这个干什么呀？

第二部分

第56—65题：排列顺序。

例如：A 可是今天起晚了

　　　B 平时我骑自行车上下班

　　　C 所以就打车来公司　　　　　　　　　　　　　　B A C

56. A 他看了一遍就记住了

　　B 这篇文章我读了很多遍才记住

　　C 这件事真是让我太吃惊了　　　　　　　　　　　_____

57. A 在很多事情上不希望父母管得太多

　　B 年轻人都想自己多走走，多看看这精彩的世界

　　C 经过一些调查，我们发现　　　　　　　　　　_____

58. A 有些人肯定会觉得这种病很可怕

　　B 但我们当医生的天天见到

　　C 早就已经习惯了　　　　　　　　　　　　　　_____

59. A 把什么都忘了

　　B 我的脑子里就一片空白

　　C 一上舞台　　　　　　　　　　　　　　　　　_____

60. A 我到底哪里做错了

　　B 刘洋，你见到李杰的时候

　　C 帮我问问他　　　　　　　　　　　　　　　　_____

61. A 要是我们这个时候过去

　　B 她多半还在睡觉呢

　　C 我们还是过一个小时再去找小玲吧　　_____

62. A 昨天我去新公司上班的时候

　　B 遇到了一件非常有意思的事情

　　C 那家公司的经理和我竟然是在同一天出生的　　_____

63. A 他就对我说

　　B 结婚的第一天

　　C 我们要一起为我们的幸福生活努力　　_____

64. A 进别人的房间之前

　　B 一定要记得先敲门

　　C 这是尊重朋友的一种表现　　_____

65. A 我都会在这里等你的

　　B 不管明天你什么时候到

　　C 一直等到你来为止　　_____

第 三 部 分

第 66—85 题：请选出正确答案。

例如：她很活泼，说话很有趣，总能给我们带来快乐，我们都很喜欢和她在一起。

★ 她是个什么样的人？

A 幽默 ✓　　　　B 马虎　　　　C 骄傲　　　　D 害羞

66. 天才在于积累，也就是说不管你聪明与否，都要努力地从生活中学习，慢慢地你就会发现，原来生活中积累的东西才是最重要的。

★ 生活：

A 很复杂　　　B 很无聊　　　C 需要积累　　　D 不能马虎

67. 笑是一种世界语，如果一个女人出门前忘了打扮，那么最好的补救方法就多微笑，由此可见笑有多美，它对人们有多重要。

★ "它" 是指：

A 笑　　　　B 女人　　　　C 打扮　　　　D 地位

68. 刚学会开车的人，最好不要直接到车很多的路上开车，这样不但是对自己的生命不负责任，也会影响其他人的安全。

★ 根据这段话，刚学会开车的人要：

A 经常练习　　B 开快点儿　　C 注意安全　　D 小心停车

69. 小雨一直认为：钱不应当是生命的目的，所以她从不为钱多钱少担心。在她看来，不管是穷人还是富人，只要能按照自己心里的想法生活，就都是幸福的人。

★ 小雨觉得：

A 钱不重要　　B 生活太累了　　C 穷人很苦　　D 幸福不容易

70. 今天李强的妈妈要加班,放学的时候,没有来学校接他。于是他就自己打车回家了。过了一个多小时,他爸爸急急忙忙地跑回家,看到李强在家,心里的大石头终于放下了。

    ★ 根据这段话,李强的爸爸:
    A 要加班　　　　B 离婚了　　　　C 不会开车　　　　D 很担心儿子

71. 坏心情还是少挂在嘴边比较好,否则的话家人听了会难过,朋友听了会担心,所以我们应该天天让好心情挂在脸上。

    ★ 心情的好坏,可能会影响:
    A 别人　　　　B 健康　　　　C 学习　　　　D 睡觉

72. 人们常说"民无信不立",意思就是说一个人想要让其他人相信自己,那么这个人必须要讲信用,这样他才能在生活和工作中取得好成绩。

    ★ 根据这段话可以知道,我们应该:
    A 相信他人　　　　B 重视信用　　　　C 努力工作　　　　D 快乐生活

73. 当小张遇到不能解决的难题时,他总是会想起这句话:"不是路已走到尽头,而是该换方向了。"然后再换一种心情去重新想解决问题的方法。

    ★ 小张是一个什么样的人?
    A 有趣　　　　B 积极　　　　C 粗心　　　　D 骄傲

74. 如果不能得到,那么忘记就是最好的选择,人的一生很短,不能有太多的伤心事,我们要知道自己在什么时候应该把什么事情忘记。

    ★ 根据这段话,我们要:
    A 认真选择　　　　B 学会忘记　　　　C 努力学习　　　　D 懂得坚持

75. 昨天面试的时候,李兰给经理留下了非常好的印象:有能力、有礼貌、性格好、自信心强、是非观强。经理几乎没有发现她的缺点。

    ★ 根据这段话可以知道,李兰:
    A 很优秀　　　　B 没有缺点　　　　C 敢批评经理　　　　D 认识很多人

76. 前两天，王振的奶奶生病住院了，可是因为工作太忙，他没有时间回家。现在，终于把工作做完了，于是他马上到经理的办公室说出了自己的想法。
    ★ 王振想要：
    A 道歉　　　　B 请假　　　　C 看病　　　　D 加班

77. 暖色，如红色和黄色，可以使人心情愉快；冷色，如蓝色和黑色，会让人感觉紧张。所以我们在选择家具的时候，最好考虑到颜色对人的心情的影响，多选一些让人愉快的颜色。
    ★ 红色的家具可能会让人：
    A 紧张　　　　B 愉快　　　　C 冷静　　　　D 勇敢

78. 小时候姐姐和我都是又黑又矮，可是长大后，姐姐变成了一个大美女，我却还是又黑又矮！
    ★ 根据这段话，可以知道姐姐后来：
    A 变漂亮了　　B 个子很高　　C 长得很黑　　D 学习很好

79. 我对现在的生活非常满意。首先，我大学毕业后找到了一份很好的工作；其次，男朋友和他的家人都很喜欢我；另外，我们还有半年就要结婚了。
    ★ 根据这段话，可以知道我：
    A 结婚了　　　B 过得不错　　C 想换工作　　D 收入很多

80—81.
有一个著名的作家，他的文章语言很简练。平时，他有一个奇怪的习惯，不喜欢坐着写文章。一天，他的一个朋友拿着一篇文章来请教他。看他又在站着写文章，禁不住问道："我每次来时都看到你站着写文章，我真不明白是什么原因。站着不是太辛苦了吗？"作家回答："是的，坐着写当然很舒服，但文章一写就长；站着容易腿累，这样我会尽可能写得简短些。等到最后检查的时候，我就坐在安乐椅上舒服地划去一切在我看来不需要的东西。"朋友听了，点点头，笑着说："连习惯都这么与众不同，真不是简单人啊！"

　　★ 这位作家有什么习惯？
    A 躺着看书　　B 站着写东西　　C 不爱与人交流　　D 从不检查身体

★ 朋友觉得作家怎么样？
A 很特别　　B 习惯不好　　C 没有礼貌　　D 缺少幽默感

82—83.
　　现在人们工作都很忙，逛街的时间越来越少，所以网上购物越来越流行。网购有很多优点，例如方便、便宜等。但网购也有很多缺点：第一是商品和照片上的差别太大，网购只能看到照片，这就不如在商场里看到的放心；第二是不能试穿、试用；另外，网上购物最让人担心的是付款方式，需要输入银行卡密码，不是很安全。

★ 为什么网购越来越流行？
A 学习太累　　B 人们很懒　　C 网购很便宜　　D 没时间逛街

★ 这段话主要在谈什么？
A 购物的优点　　B 网购的缺点　　C 网购的方法　　D 网购的商品

84—85.
　　"虽然我没钱，但我活得很快乐；但如果我拿了别人的钱，我就没有了诚信，那么我以后生活中的每一天都不会快乐。"这句话是赵亮师傅说的。他把乘客丢在出租车上的三十万块钱还了回去。

★ 赵亮可能是：
A 司机　　B 经理　　C 医生　　D 老师

★ 赵亮认为人快乐的前提是：
A 经济　　B 感情　　C 法律　　D 诚信

三、书写

第一部分

第86—95题：完成句子。

例如：那座桥　　800年的　　历史　　有　　了

　　　　那座桥有800年的历史了。

86. 这场　　很多钱　　赚了　　他们通过　　演出

87. 李阳　　著名的　　是　　演员　　一个

88. 又脏又旧的　　请马上把　　这双　　拿走　　袜子

89. 一段爱情　　忘记　　很不容易　　的事　　是一件

90. 是我的　　谁能　　指出　　准确地　　哪个盒子

91. 忘记我　　不要　　希望他　　永远

92. 这个学校　　要来　　参观　　张教授

93. 这家公司　　只　　有经验的　　招聘　　人

94. 是一个　　母亲　　脾气　　人　　很奇怪的

95. 很好　　李兰　　管理得　　被　　这个家具城

第 二 部 分

第 96—100 题：看图，用词造句。

例如： 乒乓球 　他很喜欢打乒乓球。

96. 信心

97. 演出

98. 植物

99. 联系

100. 成功

答 案

一、听 力

第一部分

1. √　　2. ×　　3. ×　　4. √　　5. ×
6. ×　　7. √　　8. ×　　9. √　　10. ×

第二部分

11. C　　12. B　　13. B　　14. A　　15. C
16. A　　17. B　　18. C　　19. B　　20. A
21. C　　22. D　　23. B　　24. B　　25. D

第三部分

26. D　　27. D　　28. B　　29. C　　30. D
31. B　　32. B　　33. B　　34. B　　35. D
36. B　　37. C　　38. C　　39. B　　40. C
41. A　　42. C　　43. D　　44. A　　45. A

二、阅 读

第一部分

46. E　　47. C　　48. A　　49. F　　50. B
51. D　　52. A　　53. E　　54. F　　55. B

第二部分

56. BAC　　57. CBA　　58. ABC　　59. CBA　　60. BCA
61. CAB　　62. ABC　　63. BAC　　64. ABC　　65. BAC

第三部分

66. C　　67. A　　68. C　　69. A　　70. D
71. A　　72. B　　73. B　　74. B　　75. A
76. B　　77. B　　78. A　　79. B　　80. B
81. A　　82. D　　83. B　　84. A　　85. D

三、书 写

第一部分

86. 他们通过这场演出赚了很多钱。
87. 李阳是一个著名的演员。
88. 请马上把这双又脏又旧的袜子拿走。
89. 一段爱情是一件很不容易忘记的事。
90. 谁能准确地指出哪个盒子是我的？
91. 希望他永远不要忘记我。
92. 张教授要来这个学校参观。
    /张教授要来参观这个学校。
93. 这家公司只招聘有经验的人。
94. 母亲是一个脾气很奇怪的人。
95. 这个家具城被李兰管理得很好。

第二部分
（参考答案）

96. 她是一个非常自信的人，做什么事情都很有信心。
    /张经理有信心解决好这个问题，你不用担心了。
97. 这是一场精彩的演出，引起了很多人的关注。
    /演出时，演员的动作都非常漂亮。
98. 在没有水的环境下，植物很难长大。
    /这里已经有五十天没下雨了，植物都快干死了。
99. 两位老人都是通过手机与儿女联系的。
    /用手机与亲友联系很方便。
100. 听到获得成功的消息后，他们高兴地跳了起来。
    /他们成功了，脸上露出兴奋的表情。

听力材料及听力部分题解

（音乐，30秒，渐弱）

大家好！欢迎参加 HSK（四级）考试。
大家好！欢迎参加 HSK（四级）考试。
大家好！欢迎参加 HSK（四级）考试。

HSK（四级）听力考试分三部分，共 45 题。
请大家注意，听力考试现在开始。

第一部分

一共 10 个题，每题听一次。

例如：我想去办个信用卡，今天下午你有时间吗？陪我去一趟银行？
　　★ 他打算下午去银行。

现在我很少看电视，其中一个原因是，广告太多了，不管什么时间，也不管什么节目，只要你打开电视，总能看到那么多的广告，浪费我的时间。
　　★ 他喜欢看电视广告。

现在开始第 1 题：

1.

> 那张照片是去年五一妈妈去海南旅游时照的，因为很漂亮，所以我们就特意多洗了一张，挂在家里。
> ★ 这张照片是去年照的。（√）

【题解】根据"那张照片是去年五一妈妈去海南旅游时照的"这句话可以知道，这张照片是去年妈妈旅游的时候照的，所以这道题是正确的。

2.

> 小兰过生日的时候，爷爷送给她两个生日礼物：一个白色的手机和一件红色的衬衫。
> ★ 小兰送给爷爷两个生日礼物。（✗）

【题解】根据听力材料可以知道，是爷

爷送了小兰两个生日礼物，而不是小兰送给爷爷两个生日礼物，因此这道题是错误的。

3.

　　这篇小说开头的那几页写得十分精彩，可是后面的内容实在是太复杂了，仅仅看一两遍的读者很难理解小说的主要内容。
★这篇小说很容易读懂。（×）

【题解】从"后面的内容实在是太复杂了，仅仅看一两遍的读者很难理解小说的主要内容"这句话可以知道，这篇小说很难理解，所以这道题是错误的。

4.

　　前几天在商场看到的那台电脑真不错，只是价格太高了，我觉得妈妈应该不会同意给我买。
★那台电脑很贵。（√）

【题解】根据"只是价格太高了"这句话可以知道，那台电脑很贵，所以这道题是正确的。

5.

　　这种花长在深山里，每三年开一次，每次开花的时候，都会吸引很多森林里的动物。
★这种花每年开三次。（×）

【题解】根据听力材料可以知道，这种花"每三年开一次"，而不是每年开三次，因此这道题是错误的。

6.

　　我十岁的时候，奶奶在院子里种了两棵苹果树，没想到五年过去了，这两棵树不但没结一个苹果，甚至连花都没开过多少。
★这两棵苹果树每年都会结很多苹果。（×）

【题解】根据"这两棵树不但没结一个苹果，甚至连花都没开过多少"这句话可以知道，这两棵苹果树没有结过苹果，因此这道题是错误的。

7.

　　来这个游泳馆游泳的，不但有很多年轻人，还有很多老人。另外，这里还有三个游泳学习班，也就是说不会游泳的人也可以来这里边学边玩儿。
★游泳馆里可以学游泳。（√）

【题解】根据"这里还有三个游泳学习班，也就是说不会游泳的人也可以来这里边学边玩儿"这句话可以知道，在游泳馆里可以边学游泳边玩儿，所以这道题是正确的。

8.

> 这种红色的药每天吃三次，白色的每天吃两次，你千万要记好，不要吃错了。
> ★ 红色的药每天吃两次。（×）

【题解】根据"这种红色的药每天吃三次，白色的每天吃两次"这句话可以知道，红色的药片每天吃三次，所以这道题是错误的。

9.

> 下了一会儿雨，天气不但没有变凉快，反而更热了，真不知道今年夏天的天气是怎么回事！
> ★ 雨后天气还是很热。（√）

【题解】通过"天气不但没有变凉快，反而更热了"这句话可以知道，下了雨之后，天气还是很热，所以这道题是正确的。

10.

> 小丽，你每天就吃这么一点儿东西怎么行呢？减肥没错，但你也要注意自己的身体啊！等你饿病了，后悔就晚了。
> ★ 小丽现在很后悔。（×）

【题解】根据听力材料可以知道，说话人在劝小丽注意身体，多吃东西，"等你饿病了，后悔就晚了"是一种假设和推测，说明小丽现在还没有饿病，当然也没有后悔，因此这道题是错误的。

第二部分

一共15个题，每题听一次。

例如：女：该加油了，去机场的路上有加油站吗？
男：有，你放心吧。
问：男的主要是什么意思？

现在开始第11题：

11.

> 男：我必须马上回国参加一个重要的会议。你要留在这里吗？
> 女：不，我和你一起回去，顺便也见见你的亲友。
> 问：男的为什么回国？

A 参加考试　　　B 看望亲友
C **参加会议**　　D 与女的结婚

【题解】通过男的的话"我必须马上回国参加一个重要的会议"可以知道，男的回国是为了参加一个会议。正确答案是C。

12.

女：小李，好几天没见你来公司了，忙什么呢？
男：搬家呢，这几天陪我们家王红到家具城买了不少家具。
问：男的和王红是什么关系？

A 同事　　　　**B 夫妻**
C 朋友　　　　D 师生

【题解】男的说"我们家王红"，说明男的和王红是一家人，可能是夫妻。正确答案是B。

13.

女：这种毛巾的价格也太高了吧？能不能便宜点儿？
男：如果你多买点儿，每条便宜五毛钱。
问：男的正在做什么？

A 找钱　　　　**B 卖东西**
C 洗衣服　　　D 找毛巾

【题解】根据听力材料可以知道，女的正在讨价还价，而男的可以决定价格，说明男的在卖东西给女的。正确答案是B。

14.

男：能借给我三百块钱吗？
女：不要说三百，就是三千也没问题，下午过来拿吧。
问：女的主要是什么意思？

A 愿意借钱　　B 三百太多了
C 自己没有钱　　D 还没发工资

【题解】根据"下午过来拿吧"这句话可以知道，女的愿意借钱给男的。正确答案是A。

15.

男：你能帮我把这篇文章翻译成日语吗？
女：如果把英语翻译成汉语或者法语我还行，但日语我就不行了。
问：女的可能不懂哪一种语言？

A 汉语　B 英语　**C 日语**　D 法语

【题解】通过"如果把英语语翻译成汉语或者法语我还行，但日语我就不行了"这句话可以知道，女的懂英语、汉语和法语，但不懂日语。正确答案是C。

16.

女：植物园里现在开了很多花，我们周日一起去那儿玩儿吧！

男：可是我周日要去北京，下周一要参加面试，等我回来再一起去吧。

问：男的下周一要做什么？

A 面试　　　　B 去北京
C 去植物园　　　D 陪女朋友

【题解】根据"可是我周日要去北京，下周一要参加面试"这句话可以知道，男的下周一要参加面试。正确答案是A。

17.

女：朋友叫我陪她去逛街，可是我的作业还没写完呢。

男：作业可以晚上再写，你应该出去玩儿会儿，总是在家里看书对眼睛不好。

问：男的希望女的做什么？

A 写作业　　　　**B 去逛街**
C 晚点儿回家　　D 多交朋友

【题解】通过"你应该出去玩儿会儿，总是在家里看书对眼睛不好"这句话可以知道，男的希望女的答应朋友的邀请，多出去走走，不要总在家看书。正确答案是B。

18.

男：你都喝了好几杯了，不能再喝了！

女：没事，明天又不上班，今晚我们一定要喝够了再回家。

问：他们可能在做什么？

A 上班　B 做饭　**C 喝酒**　D 唱歌

【题解】根据听力材料可以知道，男的正在劝女的少喝点儿，女的希望今晚喝个痛快，也就是说他们可能正在喝酒。正确答案是C。

19.

男：你家电脑坏了吗？最近怎么不见你上网呢？

女：不是，我最近都在我阿姨家住，过几天才回去呢。

问：根据对话，可以知道什么？

A 电脑坏了　　　**B 女的没在家**
C 阿姨是售货员　D 男的想买电脑

【题解】通过听力材料可以知道，女的家的电脑没有坏；再根据"我最近都在我阿姨家住，过几天才回去呢"这句话可以知道，女的这几天都没有在家。正确答案是B。

20.

女：大学毕业后，好多同学都准备出国留学，你打算做什么？

男：我想先工作一段时间之后，再考研究生。

问：男的大学毕业后打算先做什么？

A 工作　　　　B 考研究生
C 出国留学　　　D 开家公司

【题解】通过"我想先工作一段时间之后，再考研究生"这句话可以知道，男的大学毕业后想先工作。正确答案是A。

21.

男：这件衬衫不适合你，你另外再选一件吧！
女：可是我就喜欢这件，要不我们再去其他店看看吧。
问：女的是什么意思？

A 就买这件　　　B 衬衫很贵
C 去其他店　　D 想买两件

【题解】根据"可是我就喜欢这件，要不我们再去其他店看看吧"这句话可以知道，女的没有买这件衬衫，她希望再到其他的店去看看。正确答案是C。

22.

女：听说那家公司的工资很低，你还愿意去吗？
男：当然，我喜欢那里的工作环境，也很喜欢那里的同事。
问：男的认为那家公司怎么样？

A 经常加班　　　B 离家太远
C 应该加工资　　**D 工作环境好**

【题解】根据"我喜欢那里的工作环境，也很喜欢在那里的同事"这句话可以知道，男的觉得那家公司工作环境很好，同事也很好。正确答案是D。

23.

男：你要坐飞机去云南吗？
女：不是，虽然坐飞机去很方便，但是太贵了，我打算坐火车去。
问：女的打算怎样去云南？

A 开车　　　　　**B 坐火车**
C 坐汽车　　　　D 坐飞机

【题解】通过"我打算坐火车去"这句话可以知道，女的打算坐火车去云南。正确答案是B。

24.

女：母亲节快到了，你想好送妈妈什么礼物了吗？
男：早就想好了，我要送妈妈一台电脑，这样她就可以在网上看到我们了。
问：男的要做什么？

A 上网　　　　　**B 送礼物**
C 等妈妈　　　　D 卖电脑

【题解】根据男的的话"我要送妈妈一台电脑，这样她就可以在网上看到我们了"可以知道，他要送一台电脑当作母亲节的礼物给妈妈，所以他想做的事情是送礼物。正确答案是B。

25.

男：赵医生，我爸爸最近可以出院回家了吧？
女：他还需要再住一段时间。
问：他们现在可能在哪儿？

A 家里　　　　B 车上
C 公司　　　　**D 医院**

【题解】男的称呼女的"赵医生"，他们谈的是"出院"的事情，因此他们现在很可能在医院里。正确答案是 D。

第三部分

一共 20 个题，每题听一次。

例如：男：把这个文件复印五份，一会儿拿到会议室发给大家。
　　　女：好的。会议是下午三点吗？
　　　男：改了。三点半，推迟了半个小时。
　　　女：好，602 会议室没变吧？
　　　男：对，没变。
　　　问：会议几点开始？

现在开始第 26 题：

26.

女：已经很晚了，你明天再整理吧！
男：不行，这些资料明天开会前必须交上去，你先睡吧。
女：那我去给你做点儿吃的吧，都这么晚了，你肯定饿了吧？
男：好，给我做点儿面条儿吧。
问：男的正在做什么？

A 开会　　　　B 睡觉
C 吃面条儿　　**D 整理资料**

【题解】通过听力材料可以知道，女的希望男的不要整理了，早点儿休息，男的回答说"这些资料明天开会前必须交上去"，也就是说男的正在整理资料。正确答案是 D。

27.

男：你今天买了这么多东西，一定是打车回来的吧？
女：不是，我一出商场的门，正好看见小青，就坐她的车回来了。
男：小青不是去上海了吗？你怎么会看到她呢？
女：她昨天就回来了，今天开车去商场买了几件衣服。

问：女的是怎么回家的？

A 开车　　　　　B 坐地铁
C 坐公共汽车　　**D 坐朋友的车**

【题解】根据"我一出商场的门，正好看见小青，就坐她的车回来了"这句话可以知道，女的是坐小青的车回来的，小青可能是她的朋友。正确答案是D。

28.

女：我最近吃了很多减肥药，可是都没起到什么作用，怎么办才好呢？
男：要我说，你不如试试运动减肥法。
女："运动减肥法"？那还不累死我啊？
男：舒舒服服地过日子是减不下去的。
问：关于女的，可以知道什么？

A 是医生　　　　**B 想减肥**
C 喜欢运动　　　D 经常生病

【题解】通过听力材料可以知道，女的正在烦恼的事是吃了减肥药之后没有效果，不知道用什么办法减肥，也就是说她想减肥。正确答案是B。

29.

女：师傅，从这里到北京西站需要多长时间？

男：如果不堵车的话，五十分钟左右就到了。
女：现在才四点半，还不到下班的时间，应该不会堵车吧？
男：堵车的时候，我们就快到了，不用担心。
问：女的可能下午几点到北京西站？

A 四点　　　　　B 四点五十
C 五点二十　　D 六点

【题解】通过听力材料可以知道，现在是四点半，五十分钟左右之后就可以到达北京西站了，也就是说女的可能在五点二十左右到达北京西站。正确答案是C。

30.

男：下班一起吃饭吧，我去你们公司门口接你。
女：不用了，我下班还要去书店帮我妹妹买书呢！
男：那也不能不吃饭啊，等吃了晚饭，我和你一起去买书。
女：那好吧，下班见。
问：他们可能正在做什么？

A 吃饭　B 上课　C 买书　**D 打电话**

【题解】根据"下班一起吃饭吧"可以知道，他们正在上班；再根据"我去你们公司门口接你"这句话可以知道，他们没在一个公司上班，但是他们正在交谈，所以他们最可能是在打电话。正确答案是D。

31.

男：你每天都是骑自行车来上班吗？
女：是的，这样可以锻炼身体，还能省不少车费呢。
男：可是你住的地方不是离公司很远吗？怎么不坐公共汽车呀？
女：我上个月就搬家了，现在住的地方离这里很近。
问：根据对话，可以知道什么？

A 男的是经理　　**B 女的搬家了**
C 租房很困难　　D 自行车坏了

【题解】通过女的的话"我上个月就搬家了，现在住的地方离这里很近"可以知道，她上个月搬家了。正确答案是B。

32.

男：红色汽车旁边的那个人是你哥哥的女朋友吧？
女：不是，那是我姐姐。
男：你家不是就你和你哥两个孩子吗？什么时候你又多了一个姐姐呀？
女：她是我阿姨家的姐姐，平时上学很少来我家。
问：女的家里可能有几口人？

A 三　　**B 四**　　C 五　　D 六

【题解】根据听力材料可以知道，汽车旁边的人是女的的表姐，女的就有一个哥哥，也就是说她家可能有爸爸、妈妈、哥哥和她四口人。正确答案是B。

33.

男：最近那边新开了一家饭店，你去过了吗？
女：开张的那天我就去了，挺干净的，服务员也很热情。
男：那饭菜的味道怎么样啊？
女：还不错，就是价格有点儿高。
问：那家饭店的饭菜怎么样？

A 不干净　　**B 味道好**
C 菜很少　　D 价格便宜

【题解】根据听力材料可以知道，新开的那家饭店很干净，服务也很好，饭菜味道不错，就是价格有点儿高。正确答案是B。

34.

女：为了大家的身体健康，你也应该把抽烟这个坏习惯改了。
男：我都抽了二十多年了，哪儿是说改就能改的呀？
女：那你也不能天天让我们抽二手烟吧？
男：我以后不在房间里抽了，到外边去好了。
问：女的希望男的做什么？

A 锻炼身体　　　B 改坏习惯
C 收拾房间　　　D 出去散步

【题解】 根据"为了大家的身体健康,你也应该把抽烟这个坏习惯改了"这句话可以知道,女的不希望男的抽烟,希望他把这个坏习惯改掉。正确答案是 B。

35.

男:你什么时候去北京?我想和你一起走。
女:我去北京出差,你跟着我做什么?
男:我要去天津看朋友,从济南去北京是经过天津的。
女:那好啊,这样我在车上就不会无聊了。
问:他们现在可能在哪儿?

A 北京　　　　　B 天津
C 上海　　　　　**D 济南**

【题解】 根据听力材料可以知道,女的要去北京出差,男的要去天津看朋友,但他们都还没有从家里出发,再根据"从济南去北京是经过天津的"这句话可以知道,他们现在应该在济南。正确答案是 D。

第 36 到 37 题是根据下面一段话:

压力过重是经常做梦的主要原因,特别是在城市工作的公司员工和自己开公司的经理,最容易在晚上休息的时候做梦。调查结果表明,自己开公司的经理受梦境影响最为普遍,其次是公司员工,排在第三位的是大学生。

36. 经常做梦的主要原因是什么?

A 睡得过晚　　　**B 压力太大**
C 学习过累　　　D 工作过多

【题解】 根据"压力过重是经常做梦的主要原因"这句话可以知道,这道题的正确答案是 B。

37. 受梦境影响排在第三位的是哪类人?

A 经理　　　　　B 律师
C 大学生　　　D 公司员工

【题解】 根据"调查结果表明,自己开公司的经理受梦境影响最为普遍,其次是公司员工,排在第三位的是大学生"这句话可以知道,排在第三位的是大学生。正确答案是 C。

第 38 到 39 题是根据下面一段话:

幸福的理解有千万种,每人的解释都不同,但是人生最大的幸福就是可以做自己。相信自己,跟着自己的心和直觉走,你就会是最幸福的。幸福的人有人爱,但同时他们也爱其他人。如果你想进一步了解人生中的幸福事,请关注张静涵的最新小说《幸福进行时》。

38．人生中最大的幸福是什么？

　　A 爱他人　　　　B 有理想

　　C 做自己　　　D 有人爱

【题解】根据"人生最大的幸福就是可以做自己"这句话可以知道，人生中最大的幸福是做自己。正确答案是C。

39．张静涵可能是做什么的？

　　A 律师　　　　　**B 作家**

　　C 警察　　　　　D 导游

【题解】通过"请关注张静涵的最新小说《幸福进行时》"这句话可以知道，张静涵是写小说的，也就是说她是一位作家。正确答案是B。

第40到41题是根据下面一段话：

> 小林，不要哭了，你妈妈只是感冒了，过几天就好了。你现在先到房间里写作业，爸爸要把这些饭菜送到医院给妈妈吃，一会儿就回来了。你一个人在家不要害怕，千万不要给不认识的人开门，知道了吗？

40．小林为什么哭？

　　A 饿了　　　　　B 不想打针

　　C 妈妈病了　　D 没写完作业

【题解】通过"小林，不要哭了，你妈妈只是感冒了，过几天就好了"这句话可以知道，小林哭是因为他担心生病的妈妈。正确答案是C。

41．说话人和小林是什么关系？

　　A 父子　　　　B 母子

　　C 朋友　　　　　D 师生

【题解】根据"你现在先到房间里写作业，爸爸要把这些饭菜送到医院给妈妈吃"这句话可以知道，说话人是小林的爸爸。正确答案是A。

第42到43题是根据下面一段话：

> 人的一生中绝对不能省的三件事就是学习、旅行和锻炼身体。但是学习和旅行要以有一个好身体为前提条件，因为只有在身体健康的前提下，我们才能更好地学习，开心地去旅行。

42．人生不能省的三件事中没说到什么？

　　A 学习　　　　　B 旅游

　　C 亲情　　　　D 锻炼身体

【题解】根据"人的一生中绝对不能省的三件事就是学习、旅行和锻炼身体"这句话可以知道，人生不能省的三件事中没说到亲情。正确答案是C。

43．生活中对我们最重要的是什么？

　　A 学习　　　　　B 旅游

　　C 亲情　　　　　**D 锻炼身体**

【题解】通过"学习和旅行要以有一个好身体为前提条件"这句话可以知道，想要学习和旅行，就要有一个好身体，所以在生活中对我们最重要的是有一个健康的身体。正确答案是D。

第44到45题是根据下面一段话：

> 研究证明：如果一天遇到两件喜事，分两天告诉家人比在一天内一块儿告诉家人要好，因为好消息"小而多"要比"大而少"能给人带来更多的幸福感。相反，如果发生了两件坏事，那么一次说完比分两次说带来的痛苦要少。

44. 什么样的好消息能给人带来更多的幸福感？

 A 小而多   B 精而少

 C 乱而多   D 大而少

【题解】通过"好消息'小而多'要比'大而少'能给人带来更多的幸福感"这句话可以知道，"小而多"的好消息更让人高兴。正确答案是A。

45. 如果一天遇到两件坏事，应该怎么告诉家人？

 A 一块儿说 B 分两天说

 C 等几天再说 D 高兴时再说

【题解】根据"如果发生了两件坏事，那么一次说完比分两次说带来的痛苦要少"这句话可以知道，两件坏事一次说完比分开说的痛苦少。正确答案是A。

听力考试现在结束。

阅读部分题解

第一部分

第46—50题：选词填空。

A 缺点　　B 原谅　　C 美丽　　D 坚持　　E 专门　　F 羽毛球

46.

> 这是我（E 专门）从上海给你带回来的礼物，你快看看喜不喜欢。

【题解】根据这句话的结构来看，这里缺少一个表程度的副词，从选项中看，只有E"专门"是副词，意思是特意、专意。正确答案是E。

47.

> 昆明是一个（C 美丽）的地方，有时间我们一起去那里旅游吧！

【题解】从这句话的结构上看，这里缺少一个形容词，"形容词＋的＋名词"很常见，通常这个句式中的形容词表示的是名词的一个特性；再从选项上看，只有C"美丽"是形容词，同时也符合这句话的意思。正确答案是C。

48.

> 你不能只看到他的（A 缺点），还要看到他的优点。

【题解】根据这句话的意思可以知道，这一空应该填一个与"优点"相反的名词。正确答案是A。

49.

> 小雪不会打（F 羽毛球），你教教她吧。

【题解】从这句话的结构看，这里缺少一个可以作宾语的名词，选项中的名词只有A和F两项，但"缺点"不能用来"打"。正确答案是F。

50.

> 我错了，你（B 原谅）我吧，我保证下次不会这样了。

【题解】根据这句话的结构可以知道，这里缺少一个谓语动词，选项中的动词有"原谅"和"坚持"。这句话的意思是在道歉，请求谅解，因此应该填"原谅"。正确答案是B。

第51—55题：选词填空。

A 活动　　B 出生　　C 温度　　D 镜子　　E 正确　　F 沙发

51.

A：你觉得朋友在你的一生中起的作用大吗？
B：非常大，朋友就像我的一面（D 镜子），从他们身上能看到我自己。

【题解】从句子的结构看，这里缺少一个名词，"数词＋量词＋名词"是常用结构，如"一个苹果""三杯饮料"等。不同的名词需要用不同的量词搭配，这里可以用"面"搭配的名词只有"镜子"。正确答案是 D。

52.

A：今天的（A 活动）推迟了，公司是不是发生什么事情了？
B：不要乱说，可能是刘经理出差了。

【题解】一般情况下，"的"后面常接名词，从选项中看，A、D、F 三项是名词，但是其中"镜子"和"沙发"都不能"推迟"。正确答案是 A。

53.

A：你做出（E 正确）答案了吗？
B：还没有呢，这道题真是太难了！

【题解】根据这句话的结构可以知道，这里缺少一个可以修饰答案这个名词的形容词，从选项中看，只有 E"正确"是形容词，填在这里比较合适。正确答案是 E。

54.

A：阿姨，小东在家吗？
B：在呢，你先在（F 沙发）上坐一会儿，我到里面去叫他。

【题解】根据对话的意思可以知道，B 希望 A 先坐一会儿，这里缺少的是 A 可以坐的地点，从选项中看，只有 F"沙发"可以供人坐。正确答案是 F。

55.

A：你知道小林今年多大了吗？
B：他好像是 1993 年（B 出生）的，你问这个干什么呀？

【题解】通过句子的结构可以知道，这里缺少一个谓语动词，从选项中看，只有 B "出生"一个动词。正确答案是 B。根据常识，知道了一个人的出生日期，也就知道了这个人的年龄。

第二部分

第 56—65 题：排列顺序。

56.

A 他看了一遍就记住了
B 这篇文章我读了很多遍才记住
C 这件事真是让我太吃惊了

【题解】AB 两句是对比句，同时 B 句中的"这篇文章"是两个分句谈论的共同话题，所以 B 句应该放在 A 句前面；C 句中的"这件事"就是 AB 两句描述的事情，所以应该放在 AB 两句之后。正确顺序是 BAC。

57.

A 在很多事情上不希望父母管得太多
B 年轻人都想自己多走走，多看看这精彩的世界
C 经过一些调查，我们发现

【题解】C 句是整个句子的前提条件，引出了整个句子，应该放在句首；A 句中的自己指的是 B 句中的"年轻人"，所以 B 句应该放在 A 句前面。正确顺序是 CBA。

58.

A 有些人肯定会觉得这种病很可怕
B 但我们当医生的天天见到
C 早就已经习惯了

【题解】B 句中的"但"是对 A 句中的"很可怕"的转折，所以应该放在 A 句的后面；C 句是对 B 句中"天天见到"的反应，即"已经习惯了"。正确顺序是 ABC。

59.

A 把什么都忘了
B 我的脑子里就一片空白
C 一上舞台

【题解】考生可以根据事情的发展顺序来解答此题。根据常识可以知道，人们是上了舞台才会出现 B 句中的反应，因此 C 句应该放在 B 句前面；A 句是对 B 句中"脑子一片空白"的进一步描述，所以应该放在 B 句后面。正确顺序是 CBA。

60.

> A 我到底哪里做错了
> B 刘洋，你见到李杰的时候
> C 帮我问问他

【题解】C句中的"他"是指B句中的"李杰"，因此C句应该放在B句的后面；A句是C句要问的内容，因此A句要放在C句后面。正确顺序是BCA。

61.

> A 要是我们这个时候过去
> B 她多半还在睡觉呢
> C 我们还是过一个小时再去找小玲吧

【题解】AB两句是对C句"过一个小时再去找小玲"的解释，应该放在C句的后面；AB两句是假设关系，A句是假设的条件，应该放在B句的前面。正确顺序是CAB。

62.

> A 昨天我去新公司上班的时候
> B 遇到了一件非常有意思的事情
> C 那家公司的经理和我竟然是在同一天出生的

【题解】A句引出了整个句子，是整个句子的前提条件，应该放在句首；C句是对B句中"有意思的事情"的进一步解说，应该放在B句的后面。正确顺序是ABC。

63.

> A 他就对我说
> B 结婚的第一天
> C 我们要一起为我们的幸福生活努力

【题解】B句引出整个句子，应该放在句首；C句是A句里"他对我说"的话，应该放在A句后面。正确顺序是BAC。

64.

> A 进别人的房间之前
> B 一定要记得先敲门
> C 这是尊重朋友的一种表现

【题解】A句是B句的前提条件，应该放在B句前面；C句中的"这"指的就是AB两句中的"进门前先敲门"的行为，应该放在AB两句的后面。正确顺序是ABC。

65.

> A 我都会在这里等你的
> B 不管明天你什么时候到
> C 一直等到你来为止

【题解】通过B句中的"不管"和A句中的"都"可以知道，B句应该放在A句前面；C句是对A句中"等你"的更进一步的说明，应该放在A句后面。正确顺序是BAC。

第三部分

第66—85题：请选出正确答案。

66.

> 天才在于积累，也就是说不管你聪明与否，都要努力地从生活中学习，慢慢地你就会发现，原来生活中积累的东西才是最重要的。

★ 生活：

A 很复杂　　　　B 很无聊
C 需要积累　　　D 不能马虎

【题解】根据"生活中积累的东西才是最重要的"这句话可以知道，生活需要我们不断地学习，不断地积累。正确答案是C。

67.

> 笑是一种世界语，如果一个女人出门前忘了打扮，那么最好的补救方法就多微笑，由此可见笑有多美，它对人们有多重要。

★ "它"是指：

A 笑　B 女人　C 打扮　D 地位

【题解】通过"笑有多美，它对人们有多重要"这句话可以知道，两个分句有一个共同的主语，"它"代指的就是前一个分句的主语"笑"。正确答案是A。

68.

> 刚学会开车的人，最好不要直接到车很多的路上开车，这样不但是对自己的生命不负责任，也会影响其他人的安全。

★ 根据这段话，刚学会开车的人要：

A 经常练习　　　B 开快点儿
C 注意安全　　　D 小心停车

【题解】通过"最好不要直接到车很多的路上开车，这样不但是对自己的生命不负责任，也会影响其他人的安全"这句话可以知道，刚学会开车的人应该注意自己和他人的安全，小心开车。正确答案是C。

69.

> 小雨一直认为：钱不应当是生命的目的，所以她从不为钱多钱少担心。在她看来，不管是穷人还是富人，只要能按照自己心里的想法生活，就都是幸福的人。

★ 小雨觉得：

A 钱不重要　　　B 生活太累了
C 穷人很苦　　　D 幸福不容易

【题解】通过这段话可以知道，小雨觉得"钱不应当是生命的目的"，"所以她从不为钱多钱少担心",也就是说她认为生活不在于钱多少,钱不是生活中最重要的,只要按自己的想法生活就是幸福的。正确答案是 A。

70.

今天李强的妈妈要加班,放学的时候,没有来学校接他。于是他就自己打车回家了。过了一个多小时,他爸爸急急忙忙地跑回家,看到李强在家,心里的大石头终于放下了。

★ 根据这段话,李强的爸爸:
A 要加班　　　B 离婚了
C 不会开车　　**D 很担心他**

【题解】通过"他爸爸急急忙忙地跑回家,看到李强在家,心里的大石头终于放下了"这句话可以知道,李强的爸爸很担心他,看到他在家里才放下心来。"心里的大石头终于放下了"意思是"终于放心了",一般也说"心里的石头落了地"。正确答案是 D。

71.

坏心情还是少挂在嘴边比较好,否则的话家人听了会难过,朋友听了会担心,所以我们应该天天让好心情挂在脸上。

★ 心情的好坏,可能会影响:
A 别人　　B 健康　　C 学习　　D 睡觉

【题解】通过"否则的话家人听了会难过,朋友听了会担心"这句话可以知道,心情的好与坏,会对家人和朋友产生影响。正确答案是 A。

72.

人们常说"民无信不立",意思就是说一个人想要让其他人相信自己,那么这个人必须要讲信用,这样他才能在生活和工作中取得好成绩。

★ 根据这段话可以知道,我们应该:
A 相信他人　　**B 重视信用**
C 努力工作　　D 快乐生活

【题解】根据"一个人想要让其他人相信自己,那么这个人必须要讲信用"这句话可以知道,信用对一个人的生活和工作都很重要,所以我们要重视信用。正确答案是 B。

73.

当小张遇到不能解决的难题时,他总是会想起这句话:"不是路已走到尽头,而是该换方向了。"然后再换一种心情去重新想解决问题的方法。

★ 小张是一个什么样的人?
A 有趣　　**B 积极**　　C 粗心　　D 骄傲

【题解】通过这段话可以知道,小张遇到困难时,不是伤心难过,而是会换一个角度重新想解决办法,也就是说,他是一个生活积极的人。正确答案是B。

74.

> 如果不能得到,那么忘记就是最好的选择,人的一生很短,不能有太多的伤心事,我们要知道自己在什么时候应该把什么事情忘记。

★ 根据这段话,我们要:
A 认真选择　　　B 学会忘记
C 努力学习　　　D 懂得坚持

【题解】通过"如果不能得到,那么忘记就是最好的选择"这句话可以知道,我们应该学会忘记一些不开心的事情。正确答案是B。

75.

> 昨天面试的时候,李兰给经理留下了非常好的印象:有能力、有礼貌、性格好、自信心强、是非观强。经理几乎没有发现她的缺点。

★ 根据这段话可以知道,李兰:
A 很优秀　　　　B 没有缺点
C 敢批评经理　　D 认识很多人

【题解】根据这段话可以知道,李兰是一个非常优秀的人。"经理几乎没有发现她的缺点"并不是说她没有缺点。正确答案是A。

76.

> 前两天,王振的奶奶生病住院了,可是因为工作太忙,他没有时间回家。现在,终于把工作做完了,于是他马上到经理的办公室说出了自己的想法。

★ 王振想要:
A 道歉　B 请假　C 看病　D 加班

【题解】根据这段话可以知道,王振很想回家看生病的奶奶,可是前两天因为工作太忙,没有时间,现在工作终于完成了,他去找经理应该是想请假回家看奶奶。正确答案是B。

77.

> 暖色,如红色和黄色,可以使人心情愉快;冷色,如蓝色和黑色,会让人感觉紧张。所以我们在选择家具的时候,最好考虑到颜色对人心情的影响,多选一些让人愉快的颜色。

★ 红色的家具可能会让人:
A 紧张　B 愉快　C 冷静　D 勇敢

【题解】这段话说暖色可以使人心情愉快,后面又提到选择家具时要"多选一些让人愉快的颜色",而红色就是暖色,因此红色的家具可使人愉快。正确答案是B。

78.

> 小时候姐姐和我都是又黑又矮，可是长大后，姐姐变成了一个大美女，我却还是又黑又矮！

★ 根据这段话，可以知道姐姐后来：

A 变漂亮了　　B 个子很高
C 长得很黑　　D 学习很好

【题解】通过"长大后，姐姐变成了一个大美女"这句话可以知道，姐姐后来变得很漂亮。正确答案是A。

79.

> 我对现在的生活非常满意。首先，我大学毕业后找到了一份很好的工作；其次，男朋友和他的家人都很喜欢我；另外，我们还有半年就要结婚了。

★ 根据这段话，可以知道我：

A 结婚了　　　B 过得不错
C 想换工作　　D 收入很多

【题解】根据"我对现在的生活非常满意"这句话可以知道，"我"现在过得还不错，后面又具体说到工作很好，男朋友和他的家人都很喜欢"我"，也快要结婚了。正确答案是B。

80—81.

> 有一个著名的作家，他的文章语言很简练。平时，他有一个奇怪的习惯，不喜欢坐着写文章。一天，他的一个朋友拿着一篇文章来请教他。看他又在站着写文章，禁不住问道："我每次来时都看到你站着写文章，我真不明白是什么原因。站着不是太辛苦了吗？"作家回答："是的，坐着写当然很舒服，但文章一写就长；站着容易腿累，这样我会尽可能写得简短些。等到最后检查的时候，我就坐在安乐椅上舒服地划去一切在我看来不需要的东西。"朋友听了，点点头，笑着说："连习惯都这么与众不同，真不是简单人啊！"

★ 这位作家有什么习惯？

A 躺着看书　　B 站着写东西
C 不爱与人交流　D 从不检查身体

【题解】根据"他有一个奇怪的习惯，不喜欢坐着写文章"和"看他又在站着写文章"这两句话可以知道，这位作家的怪习惯是喜欢站着写作。正确答案是B。

★ 朋友觉得作家怎么样？

A 很特别　　　B 习惯不好
C 没有礼貌　　D 缺少幽默感

【题解】从朋友最后的一句话"连习惯都这么与众不同，真不是简单人啊"可以知道，朋友认为这位作家很与众不同，也就是说他很特别。正确答案是A。

82—83.

> 　　现在人们工作都很忙，逛街的时间越来越少，所以网上购物越来越流行。网购有很多优点，例如方便、便宜等。但网购也有很多缺点：第一是商品和照片上的差别太大，网购只能看到照片，这就不如在商场里看到的放心；第二是不能试穿、试用；另外，网上购物最让人担心的是付款方式，需要输入银行卡密码，不是很安全。

★ 为什么网购越来越流行？
　　A 学习太累　　　B 人们很懒
　　C 网购很便宜　　**D 没时间逛街**

【题解】根据"现在人们工作都很忙，逛街的时间越来越少，所以网上购物越来越流行"这句话可以知道，网购越来越流行是因为人们工作忙，没有时间逛街。正确答案是D。

★ 这段话主要在谈什么？
　　A 购物的优点　　**B 网购的缺点**
　　C 网购的方法　　D 网购的商品

【题解】这段话主要讲了网购流行的原因、网购的优点和缺点，其中流行原因和优点讲得比较简单，主要从三个方面解释了网购中可能会遇到的问题，也就是说这一段话主要在说网购的缺点。正确答案是B。

84—85.

> 　　"虽然我没钱，但我活得很快乐；但如果我拿了别人的钱，我就没有了诚信，那么我以后生活中的每一天都不会快乐。"这句话是赵亮师傅说的。他把乘客丢在出租车上的三十万块钱还了回去。

★ 赵亮可能是：
A 司机　B 经理　C 医生　D 老师

【题解】称赵亮为师傅，并且说"他把乘客丢在出租车上的三十万块钱还了回去"，因此，赵亮很可能是一位出租车司机。正确答案是A。

★ 赵亮认为人快乐的前提是：
A 经济　B 感情　C 法律　**D 诚信**

【题解】根据"如果我拿了别人的钱，我就没有了诚信，那么我以后生活中的每一天都不会快乐"这句话可以知道，在赵亮心中，只有有了诚信，才能快乐地生活。正确答案是D。